LES

CAVAIGNAC

ET LES

CARNOT

PAR

UN REPUBLICAIN

PRIX : 25 CENTIMES

PARIS

EN VENTE CHEZ TOUS LES LIBRAIRES

1892

LES
CAVAIGNAC

ET LES

CARNOT

PAR

UN REPUBLICAIN

PRIX : 25 CENTIMES

PARIS

EN VENTE CHEZ TOUS LES LIBRAIRES

1892

Paris. — Imp. typ. de M. Décembre, 32 rue de Vaugirard.

LES CAVAIGNAC

ET LES

CARNOT

La République, comme la Monarchie, a ses familles de haute noblesse, qui, si elles ne remontent pas bien loin encore dans la série des siècles écoulés, n'en brillent pas moins d'une renommée aussi pure qu'éclatante.

Ces familles dont les ancêtres ont, lors de la Révolution Française, synthétisé, pour ainsi dire, dans leurs personnes, les vertus, le génie et les fortes passions de cette grande époque de rénovation politique et sociale, ont conservé, de génération en génération, comme un héritage sacré, les nobles croyances qui leur ont permis d'accomplir, depuis lors, une série d'actes profitables non seulement à la patrie, mais à la civilisation tout entière.

Il est deux de ces familles, dont les représentants, depuis un siècle, ont su mériter le respect, l'admiration ou la reconnaissance de tous ceux qui placent au-dessus de toute chose, la dignité de la vie, le patriotisme, la probité politique et privée, le courage.

Ces deux familles ont nom : Carnot et Cavaignac.

Depuis cent ans, l'une et l'autre ont résumé, dans leurs générations successives, les plus hautes qualités morales, les plus nobles vertus, le plus éclatant dévouement aux opinions libérales qui font de la France le porte-drapeau des idées de progrès et de liberté. Ayant pour ancêtres des membres de cette bourgeoisie éclairée, qui prit la tête du mouvement politique en 1789, elles sont restées toujours fidèles aux enseignements de ceux qui, comme leurs pères, n'ont jamais poursuivi d'autre but que le bien du pays, luttant comme eux pour le triomphe de la liberté, et poussant l'abnégation jusqu'aux dernières limites du devoir accompli.

Dès le début, dans l'histoire, des Cavaignac et des Carnot, il semble qu'une affinité particulière les fasse marcher côte à côte, et pour ainsi dire, la main dans la main, sur la voie du progrès et de la République : origines, mandats, profession, fortune, mœurs politiques et privées, tout, chez les Carnot comme chez les Cavaignac, se ressemble.

Si les Carnot étaient notaires, avant la Révolution, les Cavaignac étaient avocats, et les uns comme les autres avaient ainsi, dans l'exercice même de leur profession, pu étudier de près les abus et les injustices criantes qui rendaient nécessaire une refonte complète des lois et des mœurs.

Sous la Révolution, tandis que le grand Carnot, (Lazare), commissaire de la Convention aux armées, puis membre du Comité de Salut Public, organise la victoire, en mettant sur pied les quatorze armées de la République, J.-B. Cavaignac, lui aussi représentant du peuple aux armées, se fait remarquer par ses talents d'administrateur et par son énergie patriotique.

A côté d'eux, leurs frères respectifs, Carnot-Feulins, et Jacques-Marie Cavaignac servent avec distinction dans les armées de la République. Carnot- Feulins seconde son ainé dans les Assemblées pendant qu'un troisième Carnot, dans l'exercice de ses fonctions de magistrat, fait exécuter, avec une patriotique ardeur, les lois et les décrets des représentants de la nation. A la seconde génération, où le nom de Cavaignac brille à son tour au premier rang de tout l'éclat du talent, de la valeur, et de l'abnégation patriotique, tandis que les fils de Lazare Carnot suivent, l'un, Sadi, la carrière des armes, comme son père et son oncle, et que l'autre, après avoir terminé ses études de droit, se livre à l'étude des questions sociales, les deux fils de J. B. Cavaignac, donnent, dès leur jeunesse, les plus nobles preuves d'attachement à la cause de la liberté. L'ainé, Eugène, officier du génie, comme les Carnot, va en Algérie, conquérir chacun de ses grades par une action d'éclat; l'autre, Godefroy, après avoir commencé son droit, met son talent remarquable d'écrivain et d'orateur, au service de l'idée républicaine et meurt à la tâche, quelques années avant que son frère, investi par les représentants du peuple, des plus hautes et des plus redoutables fonctions, les remplisse de telle sorte que l'Assemblée Nationale par deux fois déclare, solennellement, « *qu'il a bien mérité de la Patrie* ».

De nos jours les Cavaignac et les Carnot ont, par suite de cette affinité particulière à leurs deux familles, choisi des carrières identiques et sont entrés, par les mêmes portes, dans la vie publique.

Le fils de l'illustre général Cavaignac, comme les enfants d'Hippolyte Carnot, son ministre de l'instruction publique, ont, tous les trois, porté l'uniforme du polytechnicien, et tous les trois, ils ont choisi la carrière d'ingénieur pour leurs débuts dans les fonctions publiques. L'héritier du nom de Cavaignac avait déjà montré, sur les champs de bataille, que le sang du défenseur de Tlemcem, du héros d'Algérie, coulait toujours aussi ardent dans ses veines.

Et aujourd'hui, si l'austère intégrité d'un Carnot l'a fait élever à la première magistrature du pays, c'est à sa rigide correction de principes, à son talent, à son patriotisme, qu'un Cavaignac doit d'avoir été appelé à diriger et à administrer notre marine nationale.

Ainsi, depuis un siècle, ces deux grands noms

semblent indissolublement unis pour l'honneur et la gloire de la République.

Mais ce n'est pas seulement dans le choix d'une carrière, dans le parallélisme des situations officielles, que se révèle cette similitude de goûts et de destinées. Par un effet tout naturel des causes premières, les idées politiques et sociales des Carnot et des Cavaignac sont, tout le long du siècle, aussi semblables que leur dévouement à la même cause.

La règle suprême des deux grands conventionnels Carnot et Cavaignac fut identique : servir la patrie quand même, comme elle voulait être servie.

De là a dit, avec juste raison, un écrivain, cette facilité apparente à se plier, pour le bien public, à toutes les conditions et à toutes les nécessités des temps, à accepter toutes les fonctions, quel que fût le voisinage où ils les exerçaient, à côté de Robespierre ou de Barras, sous Bonaparte ou sous Napoléon, pourvu qu'elles fussent difficiles, périlleuses même, et qu'ils pussent y travailler au salut et au progrès de la France.

C'est ainsi que de même que Lazare Carnot acceptait les fonctions de ministre de la guerre sous le Consulat, et de ministre de l'intérieur pendant les Cent jours, J.-B. Cavaignac acceptait la préfecture de la Somme, avant Waterloo.

Et lorsque, portés sur les listes de proscription, ils durent prendre le chemin de l'exil, ils souffrirent tous deux stoïquement pour la grande cause que d'autres trahissaient, et donnèrent en mourant le spectacle d'une noble infortune noblement sup-portée.

Dignes fils de tels pères, leurs héritiers n'hési-tèrent pas à déclarer ou à montrer hautement qu'ils ne seraient jamais les serviteurs d'un homme ou d'une dynastie, et que leurs bras comme leur in-telligence seraient toujours consacrés à la défense des libertés publiques.

Dans la vie civile, tandis qu'Hippolyte Carnot, par une propagande modeste, bien qu'active, cher-chait l'émancipation des classes laborieuses, Gode-froy Cavaignac vouait sa vie à la vulgarisation des doctrines démocratiques, à l'instruction du peuple qu'il voulait rendre capable et digne des droits aux-quels il prétendait justement, se faisant tous deux ainsi, par des voies similaires, les champions de l'i-dée républicaine.

Pendant ce temps, leurs deux frères, Sadi-Carnot et Eugène Cavaignac, tous deux officiers du génie, n'ayant guère, eux aussi, d'autre fortune que leur épée, faisaient leur devoir de soldat, dans l'attente de jours meilleurs pour la liberté.

Les représentants actuels des deux grandes fa-milles républicaines, dont s'honore la France libre et maîtresse de ses destinées, sont trop connus pour qu'il soit nécessaire de montrer combien se ressem-blent leurs opinions et leurs actes politiques, et si, chez le ministre actuel de la marine s'est révélé, d'une façon plus éclatante, le courage militaire, la valeur sur le champ de bataille, on a dû aussi reconnaître, chez le Président de la République, lorsque l'ennemi envahisssait la contrée dont il avait l'administration, le courage civil, aussi honorable que la vaillance du soldat.

Quant aux vertus privées, la piété filiale, la rectitude et la correction de la vie, la bonté et la générosité sont, chez les Carnot comme chez les Cavaignac, portées au plus haut degré, apportant ainsi à l'homme politique, un reflet d'honneur et une source de respectueuse considération, biens précieux dans les temps que nous traversons, et où les liens de la famille tendent à se relâcher, au grand détriment des mœurs et de l'antique réputation de la société française.

L'histoire des Carnot a été, lors de l'élévation à la Présidence, d'un des membres de cette famille, racontée par nombre d'écrivains. Il serait donc oiseux de la raconter de nouveau.

Il nous reste, à notre tour, à dire ce que furent les Cavaignac, et comment, tous, ils ont bien mérité de la patrie et de la République.

Jusqu'à la Révolution, l'histoire de la famille Cavaignac ne présente aucune particularité saillante. Bourgeois, vivant noblement, les Cavaignac occupaient à Gourdon (Lot) une des premières places parmi les familles de cette petite ville du Quercy, dont un des seigneurs, Bertrand de Gourdon, frappa d'un coup mortel Richard Cœur de-Lion, roi d'Angleterre, qui, voulant s'emparer d'un trésor découvert par son vassal, l'assiégeait, dans le château de Chalus, dont il menaçait de passer la garnison au fil de l'épée.

De même, à plusieurs siècles de distance, J.-B. Cavaignac, enfant de Gourdon, condamnait à mort un autre souverain, qui voulait arracher à ses sujets le trésor précieux de la liberté, qu'ils venaient de conquérir.

Le grand-père du ministre actuel de la marine était né à Gourdon en 1762, et les événements de 1789 le trouvèrent avocat au Parlement de Toulouse. Ardent partisan des idées nouvelles, il fut nommé membre de l'administration du nouveau département de la Haute-Garonne, puis député de ce département à la Convention Nationale, où il prit place dans les rangs de la Montagne.

Après l'exécution de Louis XVI, J.-B. Cavaignac fut successivement envoyé en mission aux armées des côtes de Brest, des Pyrénées-Orientales et du Rhin et Moselle.

Là, il fit preuve des plus hautes capacités administratives, en même temps que, par son énergie, il communiquait à tous ceux qui l'entouraient la flamme patriotique qui l'animait lui-même, sans toutefois verser dans les excès sanguinaires auxquels certains de ses collègues durent une terrible célébrité.

Il ne faut, en effet, considérer autrement que comme l'accomplissement d'un douloureux, mais patriotique devoir, le rapport sévère et qui entraîna pour les accusés la peine capitale, fait par J.-B. Cavaignac sur les événements qui suivirent la reddition de Verdun, et dans lesquels des femmes et des jeunes filles de la ville ne craignirent pas d'offrir, dans un bal, des dragées au roi de Prusse, leur vainqueur.

Aussi, au neuf thermidor, J.-B. Cavaignac demeura-t-il à l'abri des attaques qui coûtèrent la vie à plusieurs des anciens commissaires de la Convention. Lors de l'insurrection royaliste du 13 vendémiaire an IV, il marcha, à la tête d'une colonne, à l'attaque de Saint-Roch, avec Rouget de l'Isle et Berruyer et contribua, pour une large part, à la victoire de la Convention.

Devenu membre du Conseil des Cinq-cents, lors de la mise en activité de la Constitution de l'an III, il en sortit en mai 1797, par décision du sort. Aussi honnête homme que grand citoyen, J.-B. Cavaignac était resté pauvre, n'ayant pas voulu profiter, pour s'enrichir, des facilités que lui offraient les situations officielles qu'il avait occupées. Il dut donc demander son existence au travail et accepta de remplir le modeste emploi de receveur aux barrières de Paris. Cette situation ayant été connue du gouvernement, Cavaignac fut nommé administrateur de la loterie, puis commissaire général des relations commerciales sur la côte d'Afrique, à Mascate. Il venait à peine de gagner son nouveau poste, lorsque, par suite de la rupture du traité d'Amiens, la France se trouva de nouveau en guerre avec l'Angleterre, et Cavaignac dut rentrer dans son pays sans avoir pu s'installer à Mascate.

C'est alors que son frère, Jacques-Marie, qui avait suivi, à Naples, Joachim Murat, l'invita à venir le rejoindre. A Naples, l'ancien conventionnel dut à son mérite, comme administrateur, de se voir confier la direction de l'enregistrement et des domaines du nouveau royaume, puis d'être nommé, par Murat, conseiller d'Etat et d'être créé comte.

Lorsqu'en 1813, Napoléon, par un décret, rappela en France tous les Français employés à l'étranger, J. B. Cavaignac se démit de toutes ses fonctions et rentra à Paris.

Pendant les Cent jours, sa réputation d'habile et énergique administrateur lui valut d'être nommé préfet de la Somme, un des départements qui se trouvaient sur la ligne d'opérations de l'armée.

A la seconde Restauration des Bourbons, banni par la fameuse loi dite d'*Amnistie*, J.-B. Cavaignac se retira à Bruxelles où il vécut dans la retraite jusqu'en 1829, époque de sa mort.

J.-B. Cavaignac laissait deux fils : Godefroy, né en 1801 ; Eugène, né en 1802, issus de son mariage avec l'une des filles de M. de Corancez, savant orientaliste, ancien consul dans le Levant, et l'un des fondateurs du *Journal de Paris*, femme d'une instruction et d'une intelligence supérieures, à l'âme grande et forte, aimant ardemment la liberté et la démocratie.

Après avoir fait leurs études au collège Sainte-Barbe, l'aîné Godefroy commença, en 1817, ses études de droit, et Eugène entra, en 1820, à l'École polytechnique, d'où il sortit comme sous-lieutenant à l'École d'application de Metz.

Laissons pour un instant le jeune officier, et disons le rôle joué par son frère aîné dans toutes les manifestations libérales, qui marquèrent l'époque de la Restauration, et, plus tard, les premières années du règne de Louis-Philippe.

Rarement, plus grand cœur fut servi par une plus noble intelligence.

Après s'être rendu en Belgique, auprès de son père exilé, Godefroy Cavaignac, rentré à Paris, et ayant puisé, dans le sein même de la famille, des idées généreuses et des opinions fermement républicaines, devint rapidement un des membres les plus actifs et les plus influents de la Charbonnerie, qui s'organisait pour combattre la réaction, alors dans toute sa force.

Après avoir prêté son appui et son concours aux conspirations ayant pour but de renverser le gouvernement clérical et ultra-réactionnaire qui opprimait le pays, et avoir été assez heureux pour échapper à la sanglante répression de ces tentatives trop hâtives, il fut un des premiers parmi ceux qui, en juillet 1830, après une lutte brillante, plantèrent le drapeau tricolore sur les Tuileries.

Le roi Louis-Philippe, « la meilleure des Républiques », comme l'avait surnommé le vieux Lafayette, ne tarda pas à s'aliéner les véritables républicains. Aussi, Godefroy Cavaignac recommença-t-il à faire contre le gouvernement de juillet l'opposition acharnée qu'il avait déjà faite à celui de la Restauration.

De son côté, le gouvernement chercha tous les moyens de réduire et de supprimer les opposants, et le 6 avril 1831, il traduisit Cavaignac et dix-huit autres prétendus conspirateurs devant la Cour d'assises de la Seine.

Avec le courage et l'abnégation qui furent toujours le propre de tous ceux qui portèrent le nom de Cavaignac, Godefroy, négligeant sa propre personnalité, prit la parole et défendit ardemment ses co-accusés, démontrant avec une éloquence enflammée et partie du cœur, qu'ils n'étaient pas des conspirateurs :

« Que ceux-là conspirent et tentent un coup de fortune politique, s'écria-t-il, pour qui chaque jour est une chance de moins ! »

La réputation de Godefroy Cavaignac grandit, dès lors, de plus en plus, et, élu président de la Société des Amis du Peuple, il continua à lutter de la parole et de la plume pour le triomphe des idées libérales.

De même qu'en 1831, il protestait contre l'hérédité de la pairie, en 1832, il protestait de nouveau contre les arrestations préventives en matière de presse et contre l'état de siège, inutiles procédés d'un gouvernement qui préfère la répression à la discussion.

Comme avant 1830, dans le « National », alors qu'il collaborait avec MM. Thiers et Mignet, dont il ne partagea point la fortune politique et gouvernementale, Godefroy Cavaignac dans la *Tribune*, dans le *Bon sens*, ne cessait de rappeler au gouvernement ses promesses d'antan et les principes libéraux qui avaient été la cause efficiente de son avènement.

Mais, oublieux de leurs engagements, les hommes du pouvoir ne cessaient de faire une guerre acharnée à tous ceux qui voulaient pousser le gouvernement dans la voie du progrès et des réformes sociales.

Les républicains, impatients et que n'avait pu calmer l'insuccès des nombreuses tentatives à main armée qui marquèrent les premières années du règne de Louis-Philippe, se soulevèrent de nouveau à Paris et dans plusieurs grandes villes de province.

Après une lutte sanglante l'insurrection fut vaincue, et le gouvernement déféra à la cour des Pairs un nombre considérable d'accusés de tous rangs et de toutes conditions. Parmi eux se trouvait Godefroy Cavaignac, Président de la Société des Droits de l'Homme qui avait remplacé celle des Amis du peuple, dissoute quelques années auparavant.

Devant la Cour des Pairs, Godefroy Cavaignac se montra aussi courageux qu'il l'avait été devant la Cour d'assises.

S'oubliant toujours lui-même, il ne songea qu'à défendre ses co-accusés.

Qui ne se rappelle le mémorable incident qu'il souleva, alors que, reprochant à la cour des Pairs l'inique jugement du maréchal Ney, il amena le vieux maréchal Excelmans à s'écrier devant ses collègues stupéfaits : « Oui, je suis de l'avis de l'accusé. La condamnation du maréchal Ney fut un assassinat juridique ! »

Mais la brillante plaidoirie de Cavaignac, son courage, son dévouement ne pouvaient prévaloir contre l'animosité de la Chambre Haute, dont les décisions étaient dictées non par la justice mais par la haine.

Les accusés furent condamnés à la déportation.

Fort heureusement pour eux, cette sentence ne put être exécutée, leur évasion de la prison de Sainte-Pélagie, où ils étaient détenus, les ayant soustraits à la sanction de l'arrêt qui les frappait.

Réfugié en Angleterre, Godefroy Cavaignac ne tarda pas à être, à Londres, en relations avec tout ce que la capitale anglaise comptait de grands e généreux esprits. L'amnistie de 1839 lui permit de rentrer en France. Après un séjour de quelques semaines auprès de son frère, en Algérie, Godefroy reprit la plume dans le « *Journal du Peuple,* » puis dans la « *Réforme,* » continuant, avec une ardeur toujours aussi généreuse, à combattre pour l'amélioration du sort des classes ouvrières, pour l'extension des droits politiques des citoyens.

Mais tant de luttes, tant de travail, avaient épuisé la constitution de Godefroy Cavaignac. Malgré les soins affectueux dont il était entouré, il succomba à la tâche, et le 5 mai 1845, il mourut, laissant aux générations futures comme exemple, une vie tout entière consacrée à la défense des droits de l'homme et du citoyen.

Pendant que Godefroy Cavaignac luttait pour la liberté, son frère Eugène, en Algérie, combattait pour le drapeau et pour la civilisation, se préparant par une existence austère, dont chaque année presque est marquée par une action d'éclat, à remplir les hautes fonctions dont la confiance des républicains dans les vertus des Cavaignac, devait l'investir, lorsque la République fut, enfin, pour la deuxième fois, devenue le gouvernement du pays.

Nous avons laissé Eugène Cavaignac sous-lieutenant, élève à l'Ecole d'application à Metz. Au bout de deux ans, il en sortit, pour être placé au

2e régiment du génie, fut nommé lieutenant en second, le 1er octobre 1826 et lieutenant en premier, le 12 janvier 1827.

Après avoir pris une part brillante, en qualité de capitaine en second, à la campagne de Morée, entreprise par la France pour venir en aide aux Grecs soulevés contre les Turcs, il fut nommé capitaine en premier, ayant à peine atteint sa vingt-septième année.

Il était en garnison à Arras lorsqu'éclata la révolution de 1830, et, avant tous les autres officiers, il se déclara pour le nouvel ordre de choses. Mais il ne tarda pas à s'apercevoir que la révolution n'avait profité qu'à la bourgeoisie et, dès lors, comme son frère, il se mit dans les rangs de l'opposition. Le gouvernement le mit en disponibilité ; mais quelque temps après, rappelé au service, grâce à l'intervention du maréchal Soult, il fut envoyé en Algérie, comme tous les officiers dont les opinions portaient ombrage au gouvernement établi.

Pendant quinze années consécutives, Cavaignac se dévoua, corps et âme, à l'œuvre de la conquête et de la civilisation de l'Algérie, bravant les périls et les fatigues, s'illustrant comme soldat et comme organisateur, de telle sorte qu'il arriva au premier rang parmi les hommes remarquables que produisit la longue guerre que la France soutint pour conserver sa nouvelle colonie.

Nous ne pouvons, dans cet opuscule forcément

restreint, suivre, pas à pas, le jeune officier républicain dans les diverses étapes de sa carrière militaire.

Disons toutefois que, bien qu'appartenant à l'arme
du génie dont le rôle, dans la guerre d'Afrique, devait être utile plutôt que brillant et glorieux, et dans
laquelle, par conséquent, l'avancement devait être
lent, Eugène Cavagnac acquit, néanmoins, durant
les premières années de son séjour en Algérie, une
telle réputation d'intelligence et de fermeté, qu'elle
lui facilita l'accès des hauts grades, malgré le souvenir de la propagande républicaine qu'il avait
faite à l'Ecole de Metz et le peu de sympathie que
son nom inspirait au gouvernement.

C'est cette réputation de fermeté et de tranqui le
courage qui le désigna au maréchal Clauzel, pour
lui confier le commandement d'un poste, périlleux
entre tous, celui de la ville de Tlemcem, où le maréchal, après la prise de cette ville par les Arabes,
avait résolu de laisser garnison.

Le capitaine Cavaignac, placé, avec le titre de Chef
de bataillon provisoire, à la tête de 5oo volontaires,
fut à la hauteur de la tâche qui lui était confiée, et,
laissé seul en plein pays ennemi, manquant sou-
vent de vivres, obligé d'élever rapidement des ou-
vrages de fortification pour abriter une partie de
la ville, de créer des hôpitaux, de construire des
casernes pour ses volontaires, de renouveler même
leurs vêtements, de relever leur moral, il sut, pen-

dant près de cinq mois, faire face à tout et repousser les attaques de l'ennemi.

Aussi, quand le général Bugeaud vint ravitailler la ville, complimenta-t-il le capitaine Cavaignac sur sa belle conduite, en lui annonçant qu'il allait demander pour lui la confirmation de son grade de chef de bataillon, jusqu'alors provisoire.

Avec cette grandeur d'âme dont il donna depuis tant et de si nobles exemples, Cavaignac répondit : « Mon Général, je n'accepterai rien, si je dois être seul à être récompensé. »

Cependant, une fois le général Bugeaud parti, les privations et les dangers recommencèrent pour Cavaignac et son admirable bataillon. Bien qu'épuisé par les fatigues et les privations, Cavaignac, dont l'âme héroïque animait le corps débile, fut vraiment sublime de courage et de dévouement, s'oubliant lui-même pour ne songer qu'au soulagement de ses soldats, qui, électrisés par un si noble exemple, furent dignes de leur chef. Enfin, après seize mois, Cavaignac et ses volontaires furent relevés.

Tombé malade à la suite des fatigues de tous genres qu'il venait de supporter, Eugène Cavaignac dut rentrer en France pour rétablir sa santé. A peine guéri, il revint en Afrique, reçut du maréchal Vallée le commandement du camp de Coléah et, peu après, celui du deuxième bataillon d'infanterie légère d'Afrique, dit des Zéphyrs, avec lequel il fit, dans la défense de Cherchell, des prodiges de bravoure et d'audace, résistant pendant douze jours consécutifs aux furieux assauts d'ennemis qui se renouvelaient sans cesse et dont le nombre s'augmentait chaque jour. Partout et à toute heure sur le lieu du danger, Cavaignac, malgré une douloureuse blessure à la cuisse, ne voulut jamais quitter le champ de bataille et par son habileté, par son activité infatigable et au-dessus de tout éloge, il parvint, aidé par l'intrépidité et la constance de ses soldats, à disperser l'ennemi.

Dans son rapport sur cette mémorable défense, Cavaignac prodigua à ses officiers et à ses soldats des éloges bien mérités. Il n'oublia qu'une seule chose. Ce fut de parler de sa blessure et de sa conduite.

Mais, malgré tout, il fallut rendre justice à l'héroïque commandant et le grade de lieutenant-colonel des Zouaves fut pour Cavaignac la juste récompense de cette belle défense de Cherchell.

Dans sa nouvelle position, le jeune lieutenant-colonel trouva encore de fréquentes occasions de se signaler.

Dans les défilés de Milianah, où il reçut une bessure au genou ; à Médéah, où, avec une poignée de zouaves il mit en fuite plus de huit cents Arabes ; à Milianah, où il fut encore blessé, lors de l'expédition de Tagdempt, dans la province d'Oran, partout il fit preuve d'un courage indomptable et d'une capacité hors ligne.

Cependant, quatre années de campagnes incessantes avaient de nouveau altéré la santé d'Eugène Cavaignac qui dut aller en France respirer l'air du pays natal.

Le 11 août 1841, il était promu colonel des Zouaves.

A la tête de ce beau régiment, Cavaignac se signala encore dans cent combats, par la sûreté de son coup d'œil et par sa vigueur indomptable, presque toujours à l'arrière-garde, qui, dans cette guerre spéciale, était le poste de l'honneur et du danger. Chargé de l'administration du Dahra, il fit preuve, dans ces délicates fonctions, du plus grand talent d'organisateur, en même temps que ses vues larges et élevées, sa sagesse et sa fermeté lui donnaient sur les Arabes un ascendant qui ne fut jamais égalé par d'autres officiers.

En octobre 1843, Cavaignac, colonel des Zouaves, commandait l'avant-garde de la colonne de droite à la bataille d'Isly, au gain de laquelle il contribua pour une large part.

Promu maréchal de camp (général de brigade) le 16 septembre suivant, le nouveau général qui avait reçu l'année précédente la croix de commandeur de la Légion d'Honneur, prit le commandement de la subdivision de Tlemcem, de cette ville, théâtre de ses premiers exploits, et de laquelle il allait encore s'élancer pour effectuer de brillantes et périlleuses expéditions.

Là il eut à lutter contre Abd-el-Kader qui, réfugié au Maroc, suscitait sans cesse de nouvelles révoltes des Arabes, et pendant toute la grande insurrection de 1845, par des marches et des combats incessants, il parvint à comprimer la rébellion et à affermir notre autorité dans la subdivision de Tlemcen. En même temps il enlevait, successivement, à Abd el-Kader, l'appui des tribus qui lui étaient, jusque là, restées fidéles, lui portant ainsi les derniers coups et l'obligeant à se rendre.

Nommé au commandement par intérim de la division d'Oran, la Révolution de février 1848 le trouva à ce poste.

Nommé général de division le 28 février, Eugène Cavaignac reçut, en même temps, le Gouvernement général de l'Algérie. Il avait à peine pris possession de son commandement qu'il fut appelé au ministère de la guerre, après les journées des 16 et 17 mars. Mais le général, dans une lettre qui révélait, au plus haut point, le sentiment de l'honneur militaire, mit pour condition à son acceptation la rentrée de l'armée à Paris, d'où le gouvernement provisoire, cédant aux exigences des clubistes, la tenait éloignée. Le gouvernement le laissa en Algérie. Néanmoins, les membres les plus sages du gouvernement provisoire jugeant avec raison que seul, parmi les généraux, il pouvait, par son origine et son renom républicain, par ses idées d'ordre et de moralité, faire aimer la République par l'armée et accepter l'armée par la République, mirent tout en œuvre pour faire accepter par le général le poste qu'il avait si dignement refusé. Pendant que cette négociation se poursuivait, les élections à l'Assemblée Constituante avaient lieu. Le général fut élu à Paris et dans le département du Lot. Il demanda aussitôt à quitter le gouvernement général de l'Algérie pour aller siéger à l'Assemblée. Arrivé à Paris au lendemain du 16 mai, jour où l'Assemblée Constituante, ouverte depuis le 4 mai, venait d'être envahie par la foule insurgée, le général Cavaignac, auquel le portefeuille de la guerre fut de nouveau offert, l'accepta. Il s'occupa immédiatement de l'administration de son département, et du soin de rétablir la garnison de Paris.

Cependant les évènéments se pressaient, et Cavaignac allait se trouver en mesure de donner à son pays, à la République et à la civilisation les preuves d'un patriotisme, d'un dévouement et d'une abnégation qui, pour toujours, ont marqué sa place parmi les plus illustres citoyens dont la France ait à s'enorgueillir. La commission exécutive nommée par l'Assemblée, était sans cohésion et sans force. Elle avait laissé voir, lors de l'attentat du 15 mai, sa faiblesse et son impéritie. Aussi, sans cesse attaquée par la majorité monarchique de l'Assemblée, abandonnée des républicains qui n'espéraient rien d'elle, elle se trouvait impuissante à inspirer aux factieux une terreur salutaire et à réprimer les excès des démagogues.

Les clubs et les journaux entretenaient dans Paris une agitation de jour en jour plus active; les théories socialistes, qui avaient fait naître dans la classe ouvrière des espérances impossibles à réaliser, agitaient le monde des prolétaires; les réactionnaires, désireux de renverser la République, faisaient ouvertement appel à la guerre civile; le bonapartisme qui, depuis la rentrée en France de Louis-Napoléon, faisait de rapides progrès, prenait une part de plus en plus large aux agitations de la rue.

Tant de causes de désordres ne pouvaient demeurer stériles. Aussi les masses populaires emplissaient-elles les places publiques, vociférant et lançant les plus grossières injures contre l'Assemblée et le gouvernement; l'émeute était, pour ainsi dire, en permanence : l'insurrection approchait. La dissolution des ateliers nationaux la fit éclater. Nous ne raconterons pas la bataille sanglante qui, en juin, s'engagea dans les rues de Paris entre la populace armée par l'envie, la misère et la faim, entraînée et guidée par des émeutiers de profession et les défenseurs de la République et de la civilisation. La société, menacée dans son existence, fut sauvée par l'énergie du général Cavaignac, auquel l'Assemblée confia la dictature, et qui ne se servit du pouvoir terrible dont il était armé que pour

abattre et réprimer les passions sauvages et désor-
données d'une multitude en furie.

L'insurrection vaincue, le général Cavaignac ne
songea qu'à résigner les pouvoirs dictatoriaux dont
il avait été investi, et dans une proclamation admirable qui, seule, suffirait à lui mériter l'estime
de la postérité, il remercia l'armée et la garde nationale d'avoir sauvé la République, déclarant à la
face de la nation entière, que la lutte terminée, la
justice seule devait avoir son cours.

Il repoussa les propositions qui lui furent faites
de conserver la dictature, estimant qu'aucun citoyen n'avait le droit d'absorber en lui la souve-
raineté nationale, même avec l'assentiment du pays.
Aussi, dès le 28 juin, résigna-t-il ses pouvoirs entre les mains de l'Assemblée qui, par acclamation,
décréta que « le *général Cavaignac avait bien mérité de la patrie* », et lui conféra le pouvoir exécutif avec le titre de président du Conseil des ministres. Le général était libre de choisir ses ministres. L'état de siège fut maintenu, mais si le général
Cavaignac recourut aux rigueurs qu'autorisait ce
régime exceptionnel et indispensable pour ramener
l'ordre, la confiance et le calme dans les esprits, il
le fit avec tant de mesure que, dans le temps même
où il fut obligé de déployer ces rigueurs, ceux
qu'animaient un vrai patriotisme et l'amour vrai
de la liberté étaient aussi libres que sous le règne
normal des lois.

Chef du pouvoir exécutif, le général Cavaignac prit pour ministres des hommes auxquels on peut appliquer l'éloge qu'il en fit lui-même : « Je le déclare bien sincèrement, s'écria-t-il un jour à la tribune de l'Assemblée, je ne prétends pas que le pays ne puisse jamais avoir des administrateurs plus capables, mais je souhaite à la République de n'avoir jamais que des ministres aussi unis de sentiments d'estime et de confiance mutuelle. » Ces ministres étaient MM. Sénard à l'Intérieur, Bastide aux Affaires étrangères, Goudchaux aux Finances, Carnot à l'Instruction [publique, Tourret à l'Agriculture et au Commerce, Recourt aux Travaux publics, Verninac de Saint-Maur à la Marine.

Certes si des hommes pouvaient faire aimer la République, c'étaient bien ceux-là. Avec une juste compréhension des nécessités de l'heure présente, ils surent choisir des fonctionnaires capables, sans s'inquiéter autrement de leur origine que pour ne pas introduire dans l'administration des ennemis de la République. Ceci ne faisait pas l'affaire des réactionnaires et des ultra-républicains.

Les premiers, craignant de voir la république s'acclimater dans le pays, les seconds par esprits de secte et par amour des systèmes utopiques, firent tous leurs efforts pour renverver le gouvernement, et, grâce à leur perfidie, pour les uns, à leur aveuglement, pour les autres, tuèrent la République.

Nous ne voulons pas faire ici l'histoire du gouvernement du général Cavaignac qui, avec son intelligence pratique, avec la noble et juste idée qu'il avait des besoins de la démocratie, sut faire beaucoup de bien, malgré tous les obstacles élevés sur sa route, malgré toutes les attaques auxquelles il fut en butte.

Il est intéressant toutefois, aujourd'hui surtout, de rappeler brièvement les traits principaux de l'administration du général Cavaignac et de faire ainsi ressortir, avec quelle prescience de véritable homme d'Etat, il traita et résolut. autant que les circonstances le lui permirent, les grandes questions qui, à l'heure actuelle, passionnent l'opinion et sont considérées comme la pierre angulaire de l'édifice républicain gouvernemental.

Le gouvernement du général Cavaignac comprit la portée du mouvement des associations du travail et le seconda autant que le lui permit le mauvais vouloir de l'Assemblée. Des lois raffermirent le crédit en garantissant la dette publique. Des avances furent faites à titre gratuit à certaines industries privées. Des primes furent accordées à l'exportation ; les prêts sur marchandises furent facilités ; des travaux publics furent entrepris sur une large échelle ; la ligne de Lyon fut rachetée et les travaux repris ; les canaux et les routes nationales furent améliorés ; l'achèvement des chemins vicinaux fut commencé ; des essais de colonisation en Algérie furent entrepris ; les lettres, les sciences, les arts, reçurent des encouragements. Aussi vit-on peu à peu renaître le calme et la confiance. A côté de ces mesures d'ordre purement administratif, le gouvernement du général Cavaignac proposa et fit adopter, en tout ou en partie, une série de lois que la troisième république a trouvées dans l'héritage que lui a laissé son aînée. Ces lois répondaient tellement aux besoins de la démocratie et du progrès, qu'aujourd'hui nous pouvons voir la plupart d'entr'elles reprises et patronnées par les hommes politiques qui ont le sentiment bien net des nécessités de l'heure présente.

C'est ainsi que l'instruction primaire devint gratuite et obligatoire, et que cette gratuité s'étendit jusqu'aux grandes Écoles Polytechnique, de Saint-Cyr, Normale et Navale. L'École d'administration, institution précieuse, dont la durée fut trop courte, et dont le rétablissement serait bien nécessaire, fut créée. L'enseignement agricole professionnel, destiné à répandre dans le pays la connaissance des moyens propres à rendre l'agriculture plus productive, et à arrêter ainsi l'émigration vers les villes des habitants des campagnes, fut institué et mis immédiatement à exécution, en même temps qu'un crédit de dix millions de francs était ouvert aux propriétaires ou aux associations de propriétaires de fonds ruraux. Les avances ainsi faites étaient remboursables en trente ans par voie d'amortissement. La réforme postale sur l'abolition des tarifs élevés qui gênaient et entravaient les correspondances fut effectuée. Le droit des habitants des communes à s'administrer eux-mêmes fut enfin introduit dans la pratique.

La loi sur le jury fut remaniée dans un sens libéral; de même celle relative à l'élection des juges consulaires. Enfin, le général Cavaignac tint à honneur de présenter à l'Assemblée un projet de décret rendant le service militaire obligatoire pour tous les citoyens français, et supprimant le remplacement, mais l'Assemblée était trop infectée de l'égoïsme bourgeois pour décréter une pareille innovation et elle maintint le droit au remplacement.

Le gouvernement du général Cavaignac, qui s'intéressait par-dessus tout au sort des classes laborieuses, présenta aussi à l'Assemblée un grand nombre de projets de lois destinés spécialement au soulagement et à l'amélioration de la condition des classes déshéritées de la Société.

Tels la loi sur le maximum des heures de travail, la réorganisation de l'Assistance publique à Paris, celle des Monts-de-Piété, l'organisation de l'Assistance publique en province, projet utile entre tous, et que nous avons vu récemment reprendre par un de nos plus éminents hommes politiques, l'institution de comités d'hygiène et de salubrité, l'ouverture de cours pour les ouvriers, la création de lectures populaires, les encouragements aux sociétés de secours mutuels et de prévoyance, l'étude des moyens propres à assurer des secours aux ouvriers qui seraient blessés ou tomberaient malades dans le service des travaux publics, etc., etc.

Toutefois, toutes ces réformes, toute cette bonne volonté ne purent rallier au gouvernement du général Cavaignac les diverses fractions tant monarchistes qu'ultra-républicaines dont se composait l'Assemblée, et qui, les unes accusaient le général de sympathiser avec le parti socialiste, les autres de répudier la République. Aussi le général, qui supportait par devoir, par amour du pays, le lourd fardeau et la lourde responsabilité d'un gouvernement provisoire, pressa-t-il de tout son pouvoir le vote définitif de la Constitution et sitôt le principe d'élection du Président de la République proclamé, il fit fixer le jour de l'élection au 10 Décembre.

Le général se présenta aux suffrages de ses concitoyens, mais trop fermement républicain pour profiter de sa situation, il se conduisit avec une loyauté parfaite, mettant tous ses soins à assurer la liberté, la pureté de l'élection, et à obtenir l'expression sincère du suffrage universel.

Etant maitre de rendre son élection à la Présidence de la République certaine en se donnant pour alliés soit les monarchistes, soit les socialistes révolutionnaires, le général Cavaignac ne voulut pas l'acheter un tel prix.

S'il est un reproche à faire à la conduite d'Eugène Cavaignac en cette occasion, c'est d'avoir montré une délicatesse trop grande, un désintéressement trop chevaleresque, et de n'avoir pas fait justice, tant était grand son respect pour la liberté, des outrages, des calomnies de tous genres, qui furent déversés sur lui.

Grâce aux manœuvres indignes de la réaction, à l'habileté des aventuriers de tous rangs qui préconisaient la candidature de Louis Bonaparte, à l'aveuglement des masses encore peu faites à la vie politique, et trompées par les promesses menteuses de ce dernier, l'adversaire du général Cavaignac fut élu Président de la République, et on sait ce qu'il fit de cette république à laquelle il avait juré d'être fidèle.

Le général Cavaignac eut seulement pour lui les voix des républicains sincères, des vrais amis de la liberté.

Son élévation subite n'avait pas enorgueilli le général Cavaignac. La ruine de ses espérances ne l'abattit pas. Il quitta le pouvoir avec une dignité qui fut admirée de tous, amis et ennemis. Cependant il continua à assister régulièrement aux séances de l'Assemblée, où il siégeait parmi les républicains modérés. Nommé à l'Assemblée législative, aux élections de mai 1849, il monta plusieurs fois à la tribune, notamment pour défendre le suffrage universel et empêcher la révision de la Constitution.

Lors du coup d'Etat du 2 décembre 1851, le général Cavaignac fut arrêté et transféré au château de Ham. Il en sortit le 29 du même mois, pour se marier avec Mlle Odier, fille d'un honorable et riche banquier, qu'avaient séduite les vertus publiques et privées de l'austère républicain.

Longtemps, Eugène Cavaignac avait hésité à contracter une union disproportionnée sous le rapport de la fortune. Le général n'avait en effet que ses traitements de général de division et de la Légion d'Honneur. Après la mort de son frère, il avait, sur ses appointements, continué seul la pension qu'ils faisaient tous deux à leur mère, à laquelle son mari n'avait laissé qu'un héritage des plus modestes, 35 000 francs environ.

Eugène Cavaignac, à la mort de sa mère, avait recueilli sa succession, mais la plus grande partie lui avait servi à payer une dette, contractée sur parole, par son frère Godefroy, pour fonder le journal *La Réforme*.

Un arrangement de famille ayant donné satisfacfaction aux scrupules de désintéressement du général, le mariage avait été décidé.

Sitôt marié, Eugène Cavaignac demanda sa mise à la retraite et partit en voyage à l'étranger. Après les événements de 1852, le général, nommé député par les électeurs de Paris au Corps Législatif, refusa de prêter serment à l'empire. En 1857, il fut élu de nouveau député à Paris. Mais la mort le surprit avant qu'il pût, une seconde fois, protester, par le refus du serment, contre l'égorgement de la République.

Le 28 octobre 1857, il fut emporté subitement par une affection du cœur dont il souffrait depuis déjà longtemps. Ramené à Paris par sa veuve, son corps fut enseveli, au cimetière Montmartre, dans le caveau de sa famille, mais sa mémoire resta et restera toujours comme celle d'un soldat et d'un homme d'Etat qui fut la personnification la plus haute de l'honneur, du courage, du dévouement, de l'abnégation et de la probité.

En mourant, le général Cavaignac laissait un fils, Jacques-Marie-Eugène-Godefroy, à peine âgé de quatre ans. Elevé par une mère tendre et dévouée, aux sentiments nobles et élevés, à l'intelligence supérieure, ce fils a suivi les exemples de son père, de son oncle et de son grand-père.

Son âme républicaine le fit, encore tout jeune, protester publiquement contre le régime impérial, en refusant de recevoir des mains du fils de Louis Bonaparte, le prix qu'il avait remporté au concours général.

Son courage le fit s'engager, à peine âgé de 17 ans, lors de l'Année terrible, et sa belle conduite au plateau d'Avron lui valut de pouvoir porter avec orgueil, sur sa tunique de polytechnicien, en 1872, la médaille militaire, juste récompense de sa bravoure.

Nommé ingénieur des Ponts-et-Chaussées, à sa sortie de l'École polytechnique, M. Cavaignac fit ses études de droit, et après avoir obtenu le grade de licencié, il entra au Conseil d'État comme maître des requêtes.

En 1882, les électeurs de la Sarthe le choisiren comme député. Secrétaire de la Chambre, membret de la Commission du budget, M. Cavaignac fut, à l'avènement du ministère Brisson, nommé sous-secrétaire d'État à la Guerre.

Successivement réélu dans la Sarthe, en 1885 et en 1889, M. Godefroy Cavaignac a pris, dans le ministère Loubet, le portefeuille de la Marine.

Digne héritier d'un grand nom, le jeune ministre avait su se concilier, tant à la Chambre que dans le pays, l'estime et le respect de tous. Aussi, son entrée dans le ministère a-t-elle été accueillie avec faveur par tous ceux qui avaient pu apprécier ses talents et la fermeté de ses convictions. Dans quelque situation que l'avenir le place, M. Godefroy Cavaignac saura continuer les traditions d'énergie, de patriotisme et de dévouement à la chose publique, qui ont fait la gloire des illustres et grands citoyens dont il porte fièrement le nom.

Dans les circonstances actuelles, on ne saurait trop rappeler au pays le souvenir des hommes dont la vie tout entière fut une lutte pour la liberté et qui, aux jours de péril social, surent se dévouer pour sauver la France de l'anarchie.